MAQUILLAJE CORRECTIVO

Marisa del Dago

imaginador

Del Dago, Marisa
  Maquillaje correctivo - 1a. ed. - Buenos Aires:
  Grupo Imaginador de Ediciones, 2007.
  96 p.; 25x17 cm.

  ISBN: 978-950-768-593-4

  1. Técnicas. 2. Maquillaje Correctivo. I. Título
  CDD 646.7

Primera edición: agosto de 2007

I.S.B.N.: 978-950-768-593-4

Se ha hecho el depósito que establece
la ley 11.723

©GIDESA, 2007

Bartolomé Mitre 3749 - Ciudad Autónoma
de Buenos Aires - República Argentina

Impreso en Colonia Suiza, República
Oriental del Uruguay.

Printed in Colonia Suiza, República
Oriental del Uruguay.

Se terminó de imprimir en Pressur Corp.
S. A., en agosto de 2007 con una tirada
de 7.000 ejemplares.

Diseño de tapa e interior: Cecilia Malla Melville

Fotografías de tapa e interior: Alberto Cifarelli

*Agradecemos a MILA MARZI (www.milamarzi.com.ar) y VISAGE
(www.caveta.com.ar) por los materiales utilizados en la realización
de los maquillajes del presente libro.*

*Agradecemos a las modelos que participaron en este libro y a la peinadora
Sandra Aquilante por su valiosa participación en la producción fotográfica.*

Asesoramiento:
Sra. Cristina Germaná (cosmiatra)
Srta. Vanesa Centurión (cosmiatra)
Sra. Maruja López Insúa
Srta. Paola Blanco

3 1223 08369 3953

Prólogo

El concepto de "belleza" es una construcción cultural de una civilización o un grupo humano que se moldea a través del tiempo. Ese mandato cultural influye en la percepción subjetiva que las personas tenemos ante lo que observamos.

De todas formas, y sin descuidar esa "implacable influencia", existen considerables variaciones entre las personas sobre lo que es o no "bello"; pero esa subjetividad siempre se verá teñida por la sociedad en la que viven. Es así que, para la civilización occidental, la belleza femenina remite a cuerpos delgados y rostros equilibrados y simétricos (entre otros requisitos) y ese paradigma es determinante en la autoestima de hombres y mujeres cuyos cuerpos y/o rostros no son exponentes de esa belleza establecida.

Si a este estereotipo de belleza le sumamos que el rostro presenta características peculiares como discromías, cicatrices, melasmas, angiomas, vitiligo o desequilibrio en las formas faciales, será probable que la persona vea afectada su autoestima.

Creo que los que trabajamos en estética somos responsables a la hora de aportar medios y soluciones para que una persona con determinadas características físicas que afectan su autovaloración las pueda minimizar, con la finalidad de ayudar a ese ser a tener una mejor calidad de vida.

Debido a la presión cultural del "deber ser bella y joven" muchas mujeres bonitas manifiestan disconformidad con su belleza. Pareciera ser que, a la mujer, en general, le resulta dificultoso aceptar su peculiar hermosura y que está instalado en el imaginario femenino un modelo de rostro inalcanzable.

Las mujeres que se han incluido en los maquillajes de este libro son de diferentes edades, de diferentes razas y extracciones sociales y con mayor o menor aceptación de sí mismas. A través del maquillaje hemos llegado a su máximo potencial de belleza y a la más alta expresión de su singularidad.

Se trata de mujeres reales, con un plus de coquetería y audacia, las que me han permitido hacer en su piel, en sus ojos y en sus labios una recreación de ellas mismas, sin pretender modificar su esencia.

Marisa del Dago

Para las mujeres que se animan a desafiarse
y a desafiar al que diga lo contrario.

el ABC
del maquillaje

Secretos imperdibles

El maquillaje siempre es correctivo. Cuando la persona a maquillar es bella, sin inconvenientes en su piel o formas faciales, el maquillaje la enaltecerá y logrará que se vea, sin dudas, mucho más linda. Pero, en el caso de que el maquillaje esté al servicio de personas con problemas estéticos, requiere la aplicación de ciertas técnicas específicas y productos con determinadas características.

Los siguientes tips o consejos nos ayudarán a elegir de manera correcta los productos cosméticos y a lucir más hermosas.

A   El trabajo de maquillaje en rostros que presentan discromías* requiere de correctores y bases con alta concentración de pigmentos que cubran muy bien y emparejen en una sola aplicación.

B   Las formulaciones deben ser libres de perfume. La elección de los productos a utilizar deberá ser cuidadosa, asegurándonos de que ningún cosmético sea agresivo para la piel ya que ésta puede ser más sensible que la de otras personas en función de la patología que manifieste.

C   Nunca el maquillaje correctivo debe resultar artificioso. La búsqueda de belleza debe ser hecha tratando de que la solución a un problema estético sea natural. Muchas veces el problema es muy notorio y la solución será paliativa pero aun así –y si el inconveniente sigue notándose–, el maquillaje hará que la imagen general esté mejorada y el aspecto de la persona sea saludable y cuidado.

D   El concepto de maquillaje correctivo debe entenderse como un proceso que no sólo deberá apuntar a corregir un aspecto puntual del rostro (mancha, asi-

*Discromía: todo problema de coloración indeseada de la piel.

metría o volumen indeseado). Se trata de corregir ese "problema" integrándolo a otros tantos pasos del maquillaje, los que deben ser mejoradores de la imagen general.

E Muchas veces ayuda mucho desviar la atención del problema y destacar la zona opuesta.

F El color del cabello, el corte y el peinado son complementos necesarios para que un rostro se vea renovado. La elección del tono siempre debería llevarse a cabo junto a un profesional que indique qué gama de tinturas pueden quedar bien en relación con el tono natural de la piel y el color natural de las cejas.

G Cuando se realizan correcciones oscuras no es conveniente trabajarlas en forma única. Lo ideal es conjugarlas con correctores claros que acentúen las zonas oscurecidas y produzcan que el maquillaje sea más realista y natural.

H El complemento de aros y collares contribuye a completar una imagen renovada y moderna, lo que ayuda, además, a que el maquillaje se realce, destacando la belleza descubierta.

Los productos cosméticos

Más allá de la amplia gama de cosméticos que el mercado les ofrece a las mujeres lo importante es contar con un set de productos básicos e indispensables para poder realizar un maquillaje como los que se presentan en las páginas de este libro.

Aplicadores de goma espuma o látex: Se emplean para aplicar las sombras en el párpado móvil, para expandir las bases o los correctores en crema o fluidos.

Para los productos que se trabajan con agua las esponjitas de goma espuma son las ideales mientras que las vegetales se usan para hidratar la piel empolvada.

Bases o maquillaje de fondo: Su función principal es emparejar el tono de la piel, y mejorar su aspecto así como su tono y su textura. Fluidas, al agua, en crema, en mouse y de textura combinada (crema-polvo) son algunas de las presentaciones de las bases, las que se eligen según las necesidades particulares de cada piel (grasas, normales, secas o sensibles); en función de las necesidades correctivas (cubrir manchas, disimular capilares rotos visibles) o para lograr un acabado final sobre la piel (efecto mate, satinado, iridiscente).

Correctores: Cumplen diferentes funciones entre las que podemos citar, por ejemplo, neutralizar los tonos de las ojeras o, por medio de la base, contribuir a emparejar el tono de ciertas imperfecciones de la piel.

Lápices delineadores de ojos y de labios: Perfilan los ojos y los labios y además contribuyen a diseñarlos tanto en su tamaño como en su forma.

Lápices y brillos labiales: Realzan la boca y el rostro.

Máscara de pestañas y tintas para delineado de ojos: Realzan la mirada y embellecen los ojos de manera natural.

Polvos volátiles y compactos: Sellan la base y actúan como una capa aislante entre la denominada "fase cremosa" de las bases y la "fase en polvo" de los rubores y los tonalizadores, evitando que estos últimos se adhieran en forma de mancha. A la vez, otorgan diferentes efectos de luminosidad y brillo, o bien matifican (opacan u otorgan un aspecto mate).

Rubores y tonalizadores: Se trata de polvos compactos que brindan la terminación necesaria al maquillaje, tonalizando las mejillas y otorgándole a la piel un color saludable.

Sombras para párpados: Sirven para embellecer el ojo y para darle efecto de luz. Se presentan en polvos compactos, sueltos, combinados con crema o sólo en cremas.

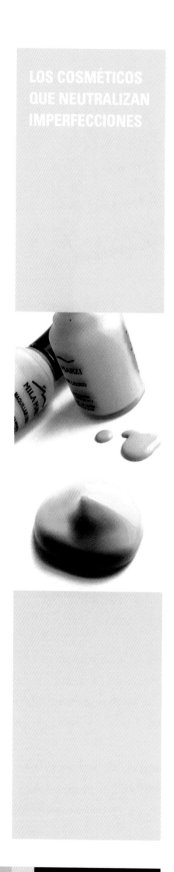

Manchas en la piel: Cuando el objetivo es disimular manchas lo ideal es trabajar con bases bien cubritivas, con buena capacidad para ocultar el problema con la sola aplicación del producto. Para ello, la concentración de pigmentos debe ser alta, su textura elástica y no excesivamente lipídica (grasosa).

Problemas de coloración: Una piel con problemas de coloración —enrojecimientos o manchas marrones, violáceas, rojizas o blancas—, tiene su propio biotipo cutáneo, que habrá que considerar al elegir un cosmético. Una piel grasa necesita bases libres de aceite; en cambio, una piel seca, productos cremosos e hidratantes.

Discromías: Las pieles con discromías son más sensibles que las demás. Por ello, los productos a utilizar deberán ser testeados sobre la persona y ver la reacción. A veces, con llevar a cabo por primera vez el proceso de maquillaje en forma lenta, resulta suficiente para ver si se detecta ardor, picazón y si resulta confortable.

Desequilibrio, asimetría y búsqueda de nuevas formas: Cuando se intenta reestructurar formas, equilibrar asimetrías o lograr ópticamente una nueva dimensión, los cosméticos serán los mismos que se usan en cualquier maquillaje. Sólo es cuestión de diseño, sabiendo que las líneas agudas, filosas y rectas estilizan rostros redondos, y las líneas redondeadas y curvas suavizan los rostros huesudos y angulosos.

Los pinceles

El maquillaje debe llevarse a cabo con pinceles específicos para esta tarea. Es muy común que para aplicar los diferentes productos cosméticos se utilicen pinceles que han sido fabricados para otras expresiones plásticas (por ejemplo, la pintura decorativa). Sin embargo es muy importante que la elección de las herramientas para maquillar esté dentro de la oferta de pinceles hechos para la industria cosmética y para ser aplicados sobre la piel humana.

Los pelos que se usan en la fabricación de pinceles para maquillaje son mezclas de pelo de ardilla, marta, cabra, conejo

Las empresas que elaboran estas herramientas tienen la responsabilidad de que al pelo natural se le realice una higiene profunda para garantizar la no contaminación de los productos a utilizar y para que el proceso de maquillaje sea higiénico e inofensivo.

u oreja de buey. También los hay de fibras sintéticas como la fibra óptica. También se han hecho pinceles con plumas de aves o piel sintética.

La conservación de las puntas naturales es indispensable en la elaboración de los pinceles, lo que da como resultado un pincel y/o brocha suave, firme y con formatos ideales para acompañar los efectos buscados en el trabajo profesional.

En maquillaje correctivo, existen pinceles conside-
rados "clave" para obtener óptimos resultados, y
tienen que ver con la aplicación de bases y correctores, y bases y polvos satinados.

Bases y correctores: Para la aplicación de bases y
correctores se han desarrollado excelentes pinceles y pinceletas de fibra sintética. Éstas son de textura suave y facilitan la aplicación de las bases y los
correctores porque no dejan huellas al aplicar los
cosméticos sobre la piel.

Bases y polvos satinados: Cuando las bases y los
polvos son satinados requieren pinceles y brochas
de fibra que transfieran y otorguen lustre al satín
que los cosméticos de avanzada contienen.
Los materiales de los pinceles de lustre son la fibra
óptica y la fibra caoba, ya que con el pelo natural no
se logra tanta perfección. El pelo natural es el ideal
para transferir materiales con textura opaca.

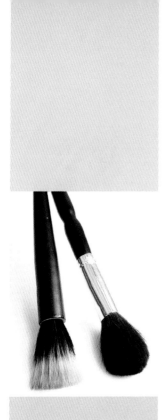

Pero, además, existen pinceles específicos para aplicar sombras, rubores y para maquillar labios.

Los hay de forma de lengua de gato, almendrados o chanfleados. Para trabajar en zonas pequeñas en las que se requiere precisión se recomienda utilizar los pinceles pequeños, de pelo corto y compactado con puntas naturales, o sea, que no han sido recortados. (Para más información sobre pinceles, puede consultar el libro *Maquillaje*, de esta misma editorial).

Tips
de maquillaje
correctivo

A Nunca hay que intentar corregir manchas oscuras de cualquier origen con corrector más claro ya que se notará aún más el problema. La técnica ideal es la del "parche". Si se aplicara una base del mismo tono de la piel, las manchas se traslucirían casi con seguridad, a menos que la base utilizada sea de camuflage total y con una capacidad de cobertura del 100%.

B Otra modalidad de corrección consiste en aplicar un parche de maquillaje cremoso del mismo color que las manchas. De esa manera, todas las bases que se apliquen sobre el parche irán a modificarlo a éste, pero ya no dejarán traslucir las manchas de la piel. Por eso lo importante es que sobre el parche marrón se trabaje cuidando muy bien el paso a paso posterior.

C Cuando se llevan adelante correcciones oscuras en zonas pilosas es conveniente trabajar con polvos tonalizadores, porque los correctores en crema suelen no adaptarse bien a los pelitos y se mancha el maquillaje.

D Nunca se deben maquillar las cejas sólo con sombra o lápiz negro, aun si el pelo de la mujer lo fuera, ya que se verán agrisadas. Lo ideal es mezclar la sombra negra con otra marrón para virar el valor del negro hacia un tono cálido, aunque sea imperceptible.

E Para retraer ópticamente los párpados superiores caídos que encapotan a los párpados móviles, conviene siempre maquillarlos con sombras mate (opacas), o de tonos fríos (azules o grises).

F En pieles envejecidas que presenten arrugas, lo ideal es trabajar con bases livianas cremosas pero de textura elástica, que permitan trabajarlas muy bien, para que no se acumulen en los pliegues. No están prohibidos los satinados. Más bien, el uso sutil del brillo sobre la piel arrugada otorgará el efecto de piel humectada.

G En pieles con accidentes –granitos, cicatrices, secuelas de antiguo acné o quemaduras–, conviene utilizar rubores en crema, ya que los polvos con color realzan más el lugar del problema y se mancha el maquillaje.

Antes del maquillaje

Antes de la aplicación del maquillaje es primordial limpiar e hidratar el cutis.

El tabaco, una alimentación desordenada o la exposición al sol son algunos de los factores que atentan contra la belleza de una piel saludable.

Los pasos fundamentales del cuidado de la piel son los que se detallan a continuación:

El cuidado de la piel del rostro debe ser una actividad diaria, sea cual sea el tipo de piel de que se trate.

- Con un papel tisú limpio, eliminar los restos de labial.
- Retirar el maquillaje de los ojos con un aceite específico con movimientos circulares y cuidando de no irritar ni apretar con fuerza la zona.
- Demaquillar la piel del rostro con una leche de limpieza, realizando movimientos circulares, para remover el maquillaje, la suciedad y las diferentes impurezas.
- Retirar los restos y el exceso de aceite y la leche de limpieza con algodoncitos embebidos en agua. Repetir esta operación tantas veces como sea necesario.
- Aplicar con un algodón limpio la loción elegida en función de cada tipo de piel. Si la piel es grasa, una loción astringente; si es seca o le falta hidratación, una loción hidratante; y si se trata de una piel sensible, elegir una loción balsámica o descongestiva.

Las bases y los correctores

Según el tipo de piel y sus características específicas se deberá optar por determinado tipo de base, en función de su capacidad de recubrimiento y su acabado final.

La capacidad de cobertura de una base es su potencialidad para ver debajo de ella las características de la piel. Cuanta más concentración de pigmentos y de polvos tenga una base, mayor será su capacidad de cobertura.

Si la piel no presenta grandes imperfecciones bastará con una base de formulación liviana que permitirá que luzca saludable.

Hay ciertas pieles que presentan manchas oscuras, de tono amarronado. En estos casos, es ideal trabajar con bases hiperpigmentadas o aplicar correctores y bases de distintos tonos, trabajando en etapas, para realizar la corrección.

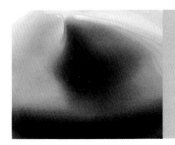

Encontrar el tono justo de la base no es sencillo ya que, por lo general, la tonalidad del rostro es diferente a la del cuello. A su vez, en la cara se observan distintas tonalidades entre la frente, las mejillas y el mentón. El objetivo es trabajar con distintos tonos para hallar el adecuado.

La elección de la base requiere, además de la búsqueda de un acabado y efecto, confortabilidad y duración, dependiendo esto último de haber escogido una base de apropiada consistencia y formulación.

• Para las pieles grasas, se deben escoger bases fluidas, libres de aceites u *oil free*.
• Si la piel es seca correrán mejor las bases cremosas más consistentes.
• Para las sensibles se deberán utilizar formulaciones especialmente ideadas, sin perfumes ni irritantes potenciales.

CÓMO APLICAR LA BASE

La elección del color de la base es un dato muy importante a considerar ya que, si no es la adecuada, en el rostro se verán diferencias de color en la superficie de la piel. Para ello, es conveniente realizar diferentes pruebas sobre el rostro hasta encontrar el tono que mejor se adapte.

No existe un orden preciso entre la aplicación de los correctores y las bases: pueden alterarse ya que se funden muy bien entre sí.

La forma correcta de aplicar la base es la siguiente:

• Aplicar varios puntos de base en la frente, en las mejillas, en el mentón y en el cuello.
• Trabajar la base, según la necesidad, con una esponja o pinceleta, dando pequeños golpecitos y acumulando el producto por zonas (técnica del esponjeado) o bien esfumando la base sobre la piel (técnica del arrastre).
• Humedecer los dedos con agua o trabajar con una esponja sin uso hidratada para "estirar" la base de manera pareja, evitando la aparición de rayas o diferencias de tonos.

Las cejas

Depilar las cejas en forma deficiente (de forma asimétrica, por ejemplo) o dejarlas crecer en forma indefinida a la espera de que se pueblen (cuando ya no pueden hacerlo) son factores que aportan desprolijidad a la imagen general de una mujer.

Es preferible, si las cejas ya están despobladas y no crecen, limpiar bien todos los pelitos avanzados sobre el párpado y dejar una ceja fina pero prolija.

Muchas veces, las mujeres, por

La elección del color del pigmento, tanto en la dermopigmentación como en el maquillaje de cejas, debe hacerse con tonos verídicos: no deben ser ni más ni menos oscuros que los pelos reales para que resulten naturales.

el deseo de ver sus cejas anchas y con buen arco, las dejan crecer sin considerar que cuando los bulbos de los pelos están muertos, ya no crecerán. Para este problema existen soluciones paliativas como la dermopigmentación o el maquillaje. La dermopigmentación es un método en el que, a través de la inyección de pigmentos en una capa intermedia de la piel, se van coloreando las cejas y se reconstruye su dibujo. Estos pigmentos duran hasta cinco años, es decir, no son permanentes.

Por su parte, el maquillaje con pincel y sombra o la utilización de un lápiz de cejas (más duro y seco que el lápiz de ojos) contribuye a mejorar la imagen de las cejas. Lo importante en ambas técnicas de dibujo es que la mujer practique mucho para que pueda lograr un trazo real y no se vean las cejas maquilladas.

El color correctivo

El uso del color se torna imprescindible a la hora de llevar a cabo maquillajes correctivos, ya que se utilizan los correctores de color para transformar la piel con problemas de coloración, llevándola con éstos a un tono más natural.

Como síntesis de los puntos más importantes a tener en cuenta a la hora de llevar a cabo maquillajes correctivos debemos considerar que hay ciertos colores que, mezclados con otros, producen el marrón.

Hablamos de las duplas complementarias (rojo y verde, azul y anaranjado, amarillo y violeta), que tienen la particularidad, al mezclarse, de anularse mutuamente.

Esta función de los colores complementarios es muy útil en maquillaje, pues posibilita múltiples correcciones. Por ejemplo, en el caso de las ojeras muy intensas (de tendencia violácea), recurrimos a la capacidad de neutralización de los colores complementarios aplicando corrector amarillo, su par complementario. El resultado es la neutralización del color de la ojera. Se obtendrán diversos valores de tono piel, desde los más claros hasta los más oscuros según la oscuridad o claridad del producto aplicado sobre la piel, dependiendo el resultado final también de la claridad u oscuridad de ésta.

Dentro del mundo del color y a los efectos de brindar aspecto saludable a un rostro y destacar toda su hermosura, es necesario recurrir a las gamas de colores que lo logren de la mejor manera.

Hay tantos tonos de piel como personas existen. Habrá que analizar, en cada caso, con qué producto es conveniente trabajar y qué gama de color le sienta mejor a la persona, conjugando el maquillaje con el color del pelo, la vestimenta y también la época del año, la hora del día, etc.

He aquí una guía básica para saber a qué productos recurrir en cada caso:

Piel oliva

Si el tono de la piel es oliva intenso una base neutra con un leve dejo rosado neutralizará el tono verdoso general del cutis.

Es muy importante que el efecto final sea sumamente natural, y los bordes se pierdan hacia el cuello.

Si una vez aplicada la base se nota mucha diferencia entre el rostro y el cuello –aun habiendo utilizado el valor tonal apropiado en la cara–, puede espolvorearse el cuello y escote con polvos rosados y utilizar algún accesorio, como un collar o pañuelo de tonos rosados o salmones, que ayudarán a mejorar el aspecto general.

En estas pieles, en los pasos siguientes del maquillaje (sombras, rubor y labial) sentarán muy bien colores rosados y anaranjados.

Habrá que cuidar de omitir los blancos puros, porque puestos sobre las pieles olivas virarán al gris.

Piel enrojecida

En las pieles que tienden a enrojecer, por su extrema sensibilidad o por padecer rosácea, se podrá minimizar notablemente esa manifestación si se aplica un fondo de maquillaje que contenga pigmentos verdosos y/o amarillos.

La elección de uno u otro dependerá de la oscuridad de la piel y de la oscuridad o claridad del corrector.

Siempre lo más conveniente es probar los productos y observar los resultados.

Otra opción es la de mezclar antes en un pote la base de uso habitual con el pigmento líquido correctivo verde o amarillo para modificar el color del producto a aplicar, llevándolo al valor justo para esa necesidad.

Piel oscura

Las pieles muy oscuras suelen pigmentarse mucho más que las claras y rosadas, por contener mayor cantidad de melanina.

Por ello muchas veces, en maquillaje, se recurre a más de un tono de base.

Sin dudas, el color de corrector que neutraliza mejor a las ojeras oscuras de una piel negra o morena es el anaranjado.

Si bien todos los colores son factibles de ser utilizados, será la claridad u oscuridad de un color y su "temperatura" lo que hará que luzca mejor en una mujer o en otra.

TÉCNICAS
que liberan la belleza

Iguales
a nosotras

En las páginas que siguen encontrarán, paso a paso, la descripción del proceso de maquillaje llevado a cabo en doce mujeres de diferentes edades y con diversas necesidades correctivas.

El principal objetivo común del trabajo realizado sobre cada una de ellas ha sido el de liberar su propia belleza natural, disimulando, corrigiendo u ocultando aquellos aspectos que no la dejan lucir en todo su esplendor.

SANDRA
líneas que estilizan

Aplicación de correctores claros y oscuros.

Iluminación en la zona central de la cara.

Sombreado anguloso en los ojos.

Sandra es una mujer de tez muy blanca, con facciones bellísimas y un cabello muy largo con rulos naturales. El trabajo de maquillaje consistirá en suavizar las líneas redondeadas de su rostro y en la búsqueda de un diseño de trazos rectos que la estilicen.

Buscaremos generar en el rostro de Sandra nuevas formas, nuevas líneas que destaquen su belleza.

El trabajo de estilización de formas comienza con la aplicación de correctores cremosos claros de manera estratégica sobre el filo de la nariz, el centro del mentón y las sienes, con pincel de fibra sintética.

Utilizamos correctores oscuros en la zona baja de las mejillas y en la zona inferior del mentón. Al conjugar zonas claras con otras oscuras, rediseñamos una nueva imagen óptica en la que se aprecia un rostro más alargado y anguloso.

Antes de comenzar con cualquier proceso de maquillaje, es imprescindible preparar la piel con una buena limpieza.

Por otra parte, la iluminación en las sienes logra que el rostro de Sandra se vea más ancho en la zona superior en relación con la inferior, en donde se acentuaron las correcciones oscuras.

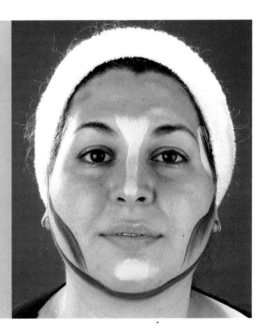

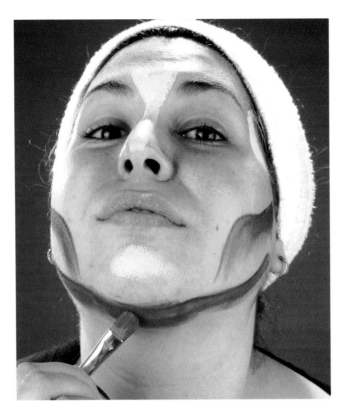

En toda la zona de la "papada" aplicamos un corrector marrón oscuro para disimular su volumen. Al esfumar el corrector es fundamental cuidar que los bordes "se pierdan" muy bien y queden disimulados y fundidos con el tono de la piel.

Para ello, lo ideal es trabajar con un tercer producto: una base de la misma textura que la de los correctores que permita un perfecto fundido entre los colores utilizados.

A continuación, damos profundidad a las mejillas, esfumando muy bien las correcciones para que sean "invisibles".

Aplicamos luz en la zona central de la cara (al igual que en el entrecejo y en las sienes) y debajo de los ojos. Esta acción, al combinarse con la oscuridad del lateral del rostro, logra una nueva forma general, más estirada y con nuevos volúmenes, más sentadores.

En rostros redondeados y que requieren estilización, la iluminación centralizada es un ítem imprescindible a la hora de lograr el efecto de una cara más delgada.

Mientras dejamos que la piel descanse y se acomode al maquillaje cremoso aplicado, elegimos el color de sombras que vamos a utilizar, en función del vestuario que lucirá Sandra. Para esta ocasión, aplicamos sombra verde esmeralda en el párpado móvil hasta el pliegue parpebral, con mayor intensidad en la comisura externa, sin cubrir del todo el centro del párpado y la línea del nacimiento de las pestañas.

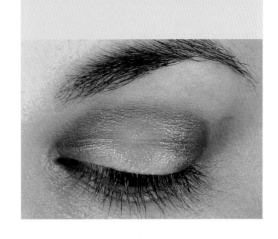

Con sombras marrones, diseñamos un sombreado anguloso y con un borde inferior bien filoso, que da agudeza a las facciones redondas de Sandra.
Debajo de las cejas aplicamos sombra satinada de tono champagne que las destaca, perfilándolas con su claridad. Esfumamos esta misma sombra en el centro del párpado móvil.

Sellamos con polvo volátil del mismo tono de la corrección para que éstas queden aún más disimuladas.
Seguimos trabajando en los ojos: delineamos por debajo de la línea de pestañas inferiores con sombra azul, y por dentro de la conjuntiva, con lápiz del mismo color.

Delineamos el párpado superior con sombra acuarelable verde esmeralda. Finalizamos el sombreado con máscara de pestañas de tono azul marino.

La mejor manera de resaltar los ojos: darles un acabado perfecto y despegar bien sus largas y hermosas pestañas.

Aplicamos rubor cerca de la zona corregida, y de un valor tonal similar al polvo sellador para que se mimetice con la corrección.

El labial elegido es claro, casi transparente. Aporta brillo y un delicado acabado sin color, y logra un equilibrio ideal con la intensidad del cabello pelirrojo.

CAROLINA
hacia una nueva imagen

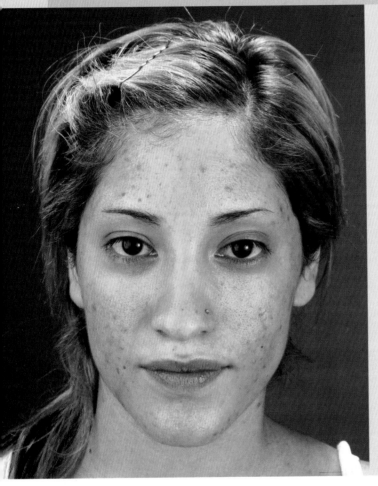

Aplicación de base líquida pigmentada libre de aceite.

Redibujo de las cejas.

Maquillaje intenso en los ojos.

Carolina es muy joven y tiene una forma de cara muy hermosa. La principal corrección en la que trabajaremos en su maquillaje es el ocultamiento del acné.

Por otro lado, sus ojos rasgados son ideales para llevar a cabo un maquillaje intenso.

La nueva imagen que buscaremos generar incluye un corte y un cambio de color de cabello.

Trabajamos con una base líquida bien pigmentada, libre de aceites, para minimizar al máximo posible las consecuencias de las alteraciones de la piel de Carolina y para que la misma se vea pareja.

Con la ayuda de una brocha, sellamos la piel con polvos sueltos del mismo tono de la base.

Para lograr un maquillaje duradero es imprescindible preparar muy bien la piel, realizando una buena higiene y aplicando lociones descongestivas y astringentes que aplaquen la inflamación que produce el acné.

El acné es una alteración caracterizada por la presencia de pústulas. Se origina por la retención de la secreción de las glándulas sebáceas, las que luego se inflaman. Se manifiesta durante la adolescencia aunque pueden darse casos después de los 25 años que responden a problemas hormonales.

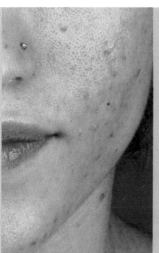

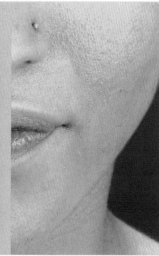

Elegimos sombras de tono celeste cielo, las que se verán muy bien con su nuevo tono de pelo. Las aplicamos en todo el párpado móvil, hasta el pliegue parpebral.

Maquillamos el párpado superior con sombra de tono terracota, por encima del pliegue parpebral. A continuación, acentuamos su profundidad y la comisura externa del párpado con un tono de sombra gris oscuro.

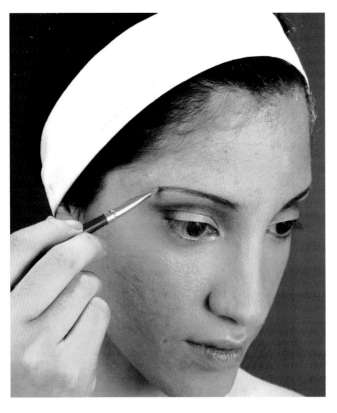

Dibujamos sus cejas con un pincel con corte en chanfle, mejorando su forma, arco y largo. Luego, iluminamos el arco superciliar con sombra satinada color champagne.

Enmarcamos el sombreado delineando con sombra acuarelable en tonos mates. Es imprescindible que el párpado esté "magro", sin cremas ni correctores, para que la acuarela se adhiera a la piel. Con pincel de fibra sintética húmedo, pincelamos desde el lagrimal hacia el centro y desde la comisura externa hacia adentro. Así la superposición de pinceladas se da en el centro del ojo y no se observan imperfecciones.

La técnica del acuarelado nos permite lograr un maquillaje definido y duradero, reemplazando al delineador líquido o el lápiz de ojos.

Terminamos el maquillaje de ojos con máscara de pestañas arqueadora. Este tipo de maquillaje, con sombras tan coloridas, puede perfilarse con otras de igual valor tonal o más claras, irisadas, aplicadas por debajo de las pestañas inferiores. Esto otorga sofisticación e intensidad.

En un tipo de piel como la de Carolina, es fundamental recurrir a un tono de rubor rosado, que contrarreste el tono amarillento de su piel. Con la aplicación de breves pinceladas en el centro de las mejillas, su rostro tomó vitalidad y energía.

Para enmarcar la forma perfecta de sus labios y evitar que el labial se trepe por las arruguitas peribucales, delineamos los labios con lápiz, respetando su forma natural.

A la búsqueda de la construcción de una estética fuerte e impactante (tan aceptada por las mujeres de Centroamérica y norte de Sudamérica), vamos tras un tono de boca audaz y sumamente intenso.

Maquillamos los labios con un pincel de fibra sintética con un labial rojo intenso que vira sutilmente hacia el guinda.

Para darle aún mayor sensualidad a los labios aplicamos labial con un brillo incoloro que funciona como laca selladora dando un acabado brillante.

El nuevo tono elegido para el cabello de Carolina destaca aún más sus bellas facciones, y el corte desmechado hace que resalte la armoniosa forma de su rostro.

CECILIA
belleza de Oriente

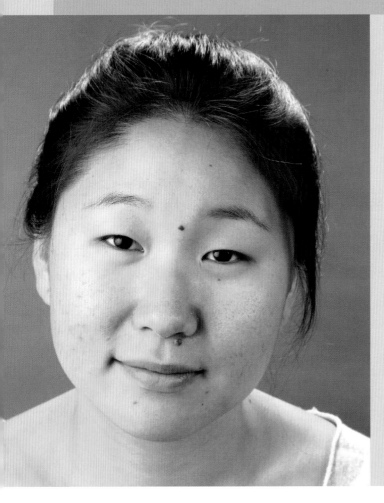

Dibujo del pliegue parpebral.

Aplicación de puntos de luz en párpados.

Perfilado del rostro mediante aplicación de rubor.

Cecilia es de origen coreano. La conjunción entre sus ojos orientales y su preciosa sonrisa dan como resultado un rostro dulce y sereno. El trabajo de maquillaje consistirá en generar, en sus ojos, párpados más definidos, dibujándolos con nuevas formas. Complementa esta tarea la construcción de una estética delicada que sea el reflejo de toda su feminidad.

Buscaremos "ampliar" su mirada, respetando y realzando la belleza natural de sus rasgos orientales.

Después de preparar su piel con productos livianos (fluidos hidratantes ligeros), con una
pinceleta de fibra sintética aplicamos maquillaje líquido libre de aceite y de capacidad de cobertura mediana, ya que Cecilia cuenta con un
cutis parejo y graso, sin necesidad de recurrir a
bases muy pigmentadas.

Con un pincel de pelo natural redondo, sombreamos la zona del hueso orbicular, generando una
profundidad ficticia, ya que sus ojos orientales
no pliegan de la misma manera que los ojos oc-
cidentales. Pliegan "encapotados" por el párpado superior y ese dibujo fabricado oficia de
"pliegue parpebral", produciendo ópticamente
un párpado móvil amplio y redondeado.

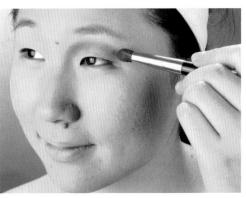

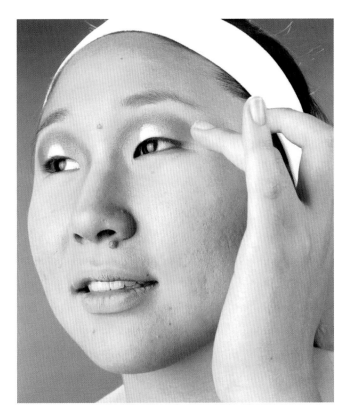

Para acentuar la nueva distan-
cia entre la línea de pestañas y
el dibujo de la profundidad, colocamos con los dedos dos puntos
de luz con corrector en crema
blanco.
La mezcla entre cremas y polvos
tiende a adherirse con fuerza
siendo un muy buen método de
fijación.

Esfumamos los puntos de luz hechos con el corrector blanco. Con un pincel de pelo natural aplicamos sombra marrón oscura y acentuamos la comisura externa. Aplicamos la misma sombra en la línea del párpado inferior, por fuera de la línea de pestañas.

Con el mismo producto, sombreamos los laterales de la nariz, para afinarla.

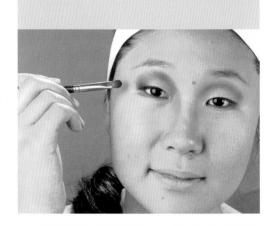

Sobre el centro del párpado móvil, aplicamos dos puntos de luz con sombra volátil blanca irisada. Esfumamos y aplicamos también un leve toque de la misma sombra en el lagrimal del párpado inferior.

Pincelamos las cejas con un pincel de pelo natural, utilizando una mezcla de sombra negra y otra marrón mate.

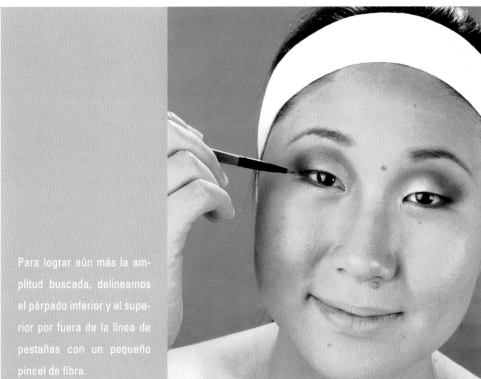

Para lograr aún más la amplitud buscada, delineamos el párpado inferior y el superior por fuera de la línea de pestañas con un pequeño pincel de fibra.

La máscara de pestañas es un complemento siempre muy recomendado para terminar el maquillaje de ojos. En el caso de los ojos orientales resulta imprescindible ya que suelen tener pestañas muy rectas, sin curvatura natural, y la aplicación de máscara ayuda a su arqueado y a la apertura del ojo.

El color elegido de rubor es un valor intermedio entre la gama de los rosas y los anaranjados, no muy estridentes ni oscuros. Lo aplicamos debajo del hueso, perfilando muy bien sus pronunciadas mejillas, buscando destacarlas por un lado y, por otra parte, afinando su rostro en la zona inferior.

Para destacar aún más sus pómulos, recurrimos a un polvo volátil iluminador satinado que otorga luz a toda la cara.

Delineamos sus labios con lápiz de tono amarronado del mismo valor tonal del labial que aplicaremos a continuación.

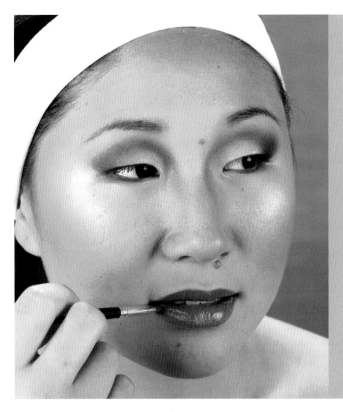

Con un pincel de fibra sintética, maquillamos la boca con un labial de tono amarronado, levemente anaranjado.

MARTA
renovación total

Aplicación de correctores claros y oscuros.

Nuevo diseño de cejas, anguloso.

Utilización de tono negro en delineado y sombreado.

Marta tiene ojos de un increíble color turquesa.

La intensidad de su mirada y su dulce expresión han sido el estímulo para trabajar correctivamente, buscando aplacar la rosácea de sus mejillas y diseñando un maquillaje que la estilice. Marta tiene una personalidad intensa y necesita un nuevo look que se adapte a su estilo.

La renovación encarada será general, incluyendo un nuevo peinado para Marta.

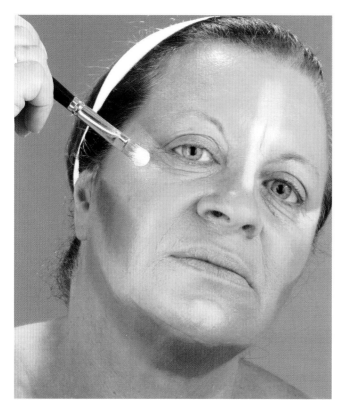

Trabajaremos la piel con tres consignas: aplacar su enrojecimiento a través de correctores, dar profundidad con correctores oscuros que disimulen las rendondeces de las mejillas y la papada y, por último, dar volumen con correctores claros aplicados en el entrecejo, el centro del mentón y la comisura externa de los ojos hacia las sienes para que, en forma conjunta, con las correcciones oscuras se construyan nuevos volúmenes.

La rosácea es una afección del rostro que se caracteriza por la aparición de distintas lesiones: irritación, venitas rojas visibles, inflamación de aspecto rojizo, pústulas y engrosamiento en la zona carnosa de la nariz.

Esfumamos los correctores y luego aplicamos polvo volátil del mismo tono de las correcciones para sellarlas. Este tipo de polvo funciona como un suave velo que integra muy bien lo maquillado.

Siempre que se lleva a cabo una corrección es fundamental empolvarla por una doble necesidad: la de sellar y la de matificar las zonas corregidas que se han trabajado con productos en crema.

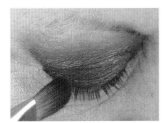

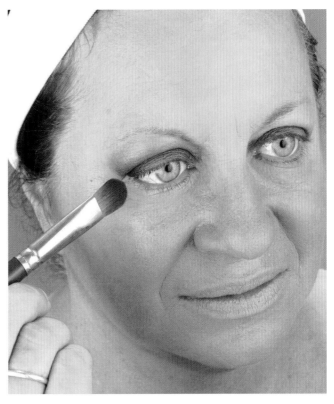

Aplicamos en sus párpados tonos de sombra en la gama de los marrones y terracotas, que resaltan el color de sus ojos.

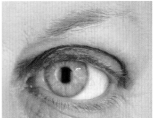

Con la ayuda de un pincel de pelo natural trabajamos las cejas en un formato más anguloso y sentador, dibujándolas con trazos cortos, pronunciando un ángulo marcado y con vértice en las zonas de máxima altura.

El rediseño de las cejas es fundamental para la construcción de la nueva imagen del rostro de Marta.

Iluminamos el arco superciliar con sombra satinada. Para que el cambio concuerde con su personalidad, elegimos una estética intensa, dura y sofisticada que nos permite virar la imagen dulce e ingenua de Marta hacia otra más agresiva. Para ello, recurrimos al tono negro en delineados y sombreados porque nos permite endurecer al máximo la imagen del rasgo que lo necesite.

La máscara de pestañas también es negra y la aplicamos con intensidad para que sus pestañas se vean engrosadas y tupidas.

Con este sombreado tan rotundo y oscuro, los ojos saltones de Marta se han rasgado y han cobrado nueva anatomía, apreciándose aún más bellos e intensos.

El rubor elegido pertenece a la paleta de los tierra y cobre, indispensable en personas con rosácea.

Aunque el maquillaje corrige notablemente la rosácea, los cosméticos, aun los más cubritivos y de larga duración, no son inalterables y es posible que, horas después, se trasluzca el enrojecimiento. Por ello, no convienen los rubores con pigmentos rojizos sino los de tonos tierra, dorados, tostados y... llevar un polvo compacto en la cartera para hacer retoques.

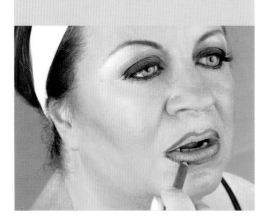

Con un lápiz delineador, damos forma de "diamante" a los labios para seguir con la construcción de una imagen angulosa y continuar con la estilización general de su rostro.

En contraposición con la oscuridad del maquillaje de sus ojos, maquillamos los labios con un tono claro y nacarado para darles mayor volumen.

El brillo del labial produce rebote de luz y, en el marco de un maquillaje realizado en tonos mates y oscuros, luce muy bien.

El peinado es parte de la reconstrucción de su imagen, siendo necesaria una línea de peinado liso y sin volumen, que enmarque el rostro.

FERNANDA
la belleza natural

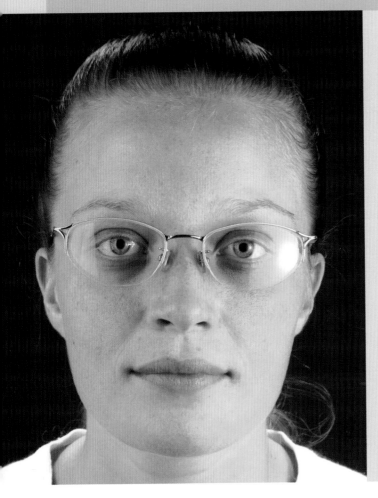

Aplicación de corrector amarillo en ojeras.

Nueva intensidad tonal en las cejas.

Sombreado y delineado en negro y marrón.

La piel de Fernanda es blanca-rosada, su pelo es muy rubio y casi blanco en cejas, pestañas y nacimiento de la cabellera. Sus facciones son fuertes y bellas; sus labios, perfectos y su color de ojos, muy atractivo. Tiene ojeras violáceas en cuya corrección trabajaremos, así como en un nuevo diseño que destaque sus rasgos sin incorporar mucho color.

La belleza natural de Fernanda sólo necesita de algunos toques para lucir en su esplendor.

Aplicamos corrector líquido amarillo con pinceleta de fibra sintética, buscando neutralizar el tono violáceo de sus ojeras. La textura líquida es levemente traslúcida y liviana.

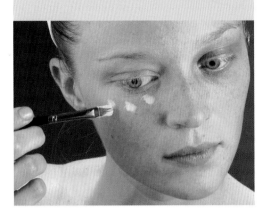

La base elegida es una mezcla de crema líquida y polvo que deja un acabado aterciopelado en la piel. Maquillamos todo el rostro omitiendo la zona orbicular donde hemos aplicado el corrector.

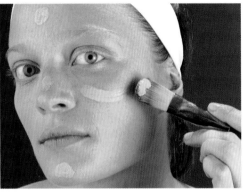

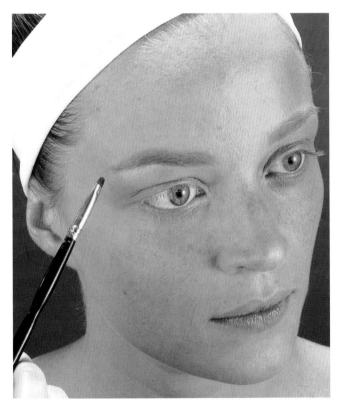

Fernanda necesita dar color a sus cejas para que se aprecien y sus ojos luzcan enmarcados. Para ello, utilizamos sombra marrón clara para dibujarlas con pequeñas pinceladas.

Con un pincel de pelo natural con forma de lengua de gato, sombreamos los párpados de Fernanda con un tono marrón más oscuro que el utilizado para dar color a las cejas, hasta la zona del pliegue parpebral.

La elección de los tonos de sombras y delineador se basa en lograr un contraste marcado con el color de los ojos, con el objetivo de destacarlos.

Delineamos con lápiz por dentro de la línea de pestañas inferiores con un tono marrón oscuro. Con el mismo tono delineamos con sombra acuarelable y maquillamos el borde del párpado inferior y el del párpado superior del ojo.

Elegimos un tono marrón oscuro para la máscara de pestañas en función de la paleta de colores elegida.

Aplicamos unas pinceladas sutiles de sombra beige satinada en el arco superciliar, para dar luminosidad a la zona pero sin aportar tono, que tan bien queda en maquillajes de este tipo, donde las sombras son oscuras y contrastan tanto con los ojos.

Aplicamos rubor de tono tostado claro sobre el hueso de las mejillas de Fernanda.

Delineamos los labios con un lápiz de tono similar al color natural del labio.

La función del delineado es la de contener el lápiz labial y evitar que se trepe por las arruguitas peribucales.

Aplicamos con pincel el labial de tono amarronado y claro. De esta forma, los labios lucen bien definidos y se destacan.

El maquillaje debe lucir bello y femenino aun sin sus lentes. Es muy probable que una mujer que decide mejorar su imagen a través del maquillaje considere la posibilidad de utilizar lentes de contacto para verse mejor aún y lograr un cambio de imagen más impactante. Si, por el contrario, decide continuar con las gafas, lo ideal es que la elección de las mismas no sea casual sino que haya optado por formas que la beneficien y armonicen con su look.

EMILSE
en busca del equilibrio

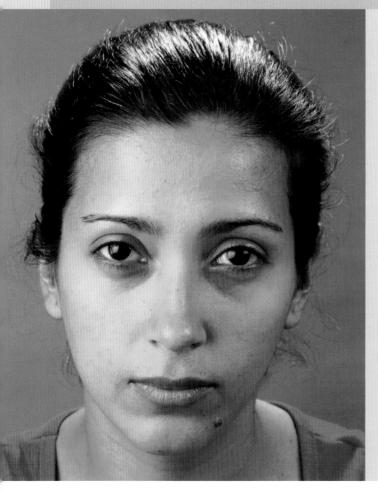

Aplicación de corrector anaranjado en ojeras.

Maquillaje de piel traslúcido.

Aplicación de sombras irisadas claras para lograr simetría.

Maquillaje de labios con tonos intensos.

Emilse tiene una bella piel morena casi perfecta.

El maquillaje correctivo se centrará básicamente en el uso de correctores que den luz a la zona de sus ojeras.

Para ello, haremos un trabajo de sombreado, sin bordes definidos, que equilibre la leve asimetría de sus ojos.

Trabajaremos con colores vivos y brillantes, que quedarán perfectos con la tez morena de Emilse.

Aplicamos con una pinceleta de fibra sintética un corrector de color anaranjado de consistencia líquida, para cubrir las ojeras.

Esparcimos el corrector aplicado y, con otra pinceleta de fibra, colocamos base traslúcida del mismo tono que la piel de Emilse. La aplicamos en puntos estratégicos y luego la extendemos hasta cubrir todo el rostro.

Trabajamos el párpado móvil con sombra blanca satinada.

Para un perfecto sellado de la sombra blanca satinada es fundamental aplicarla sobre la piel humedecida previamente con el corrector líquido.

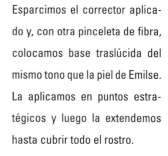

Sombreamos la profundidad de los ojos con sombra violácea, extendiéndonos hacia el párpado superior con una suave esfumatura y sin marcar filos ni terminaciones definidas.

Con una brocha de borla redonda y pelo muy suave, espolvoreamos con polvo volátil sobre toda la piel, para matificarla.

En la zona de las ojeras, empleamos polvos claros para dar la iluminación necesaria y con la intención de que la zona se vea amplia y despejada.

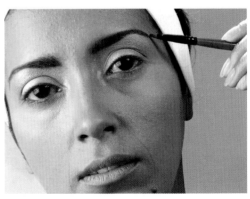

Con un pequeño pincel de punta almendrada y de pelo natural, perfilamos las cejas con sombras marrones oscuras.

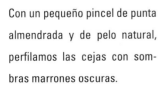

Trabajamos con delineador negro con un pincel de punta fina de fibra sintética. Lo aplicamos en el párpado móvil, sobre la línea de pestañas.

En la zona inferior de los ojos, aplicamos sombra blanca satinada, con más intensidad y saturación en lagrimales. La esfumamos y la vamos "perdiendo" hacia afuera del ojo. Cuando se busca recobrar el equilibrio en ojos asimétricos, uno de los métodos es aplicar sombras irisadas de colores claros y satinados intensos. Así, al proyectarse la luz que refractan, al perderse los bordes y al no existir un marco definido en el ojo la imagen se desdibuja y se logra un aspecto más equilibrado.

Maquillamos las pestañas con máscara negra, privilegiando la intensidad en las superiores y apenas las puntas de las inferiores, cuidando no maquillar el nacimiento de éstas para que no se remarque el borde del ojo (que buscamos "desdibujar" en el paso anterior).

Con una brocha de borla almendrada, maquillamos los pómulos
con un rubor de tono tostado,
levemente anaranjado.

Perfilamos los labios con lápiz
–del mismo tono del labial que
aplicaremos a continuación–
justo por el borde, ya que son
perfectos en volumen y tamaño.

Por su tono de piel, la elección
del labial es un vibrante rojo
anaranjado, el que aplicamos
con pincel de fibra.
Para finalizar, cubrimos apenas
el labial con un brillo incoloro
para dar efecto de boca jugosa
y brillante.

MIRTA
la belleza se libera

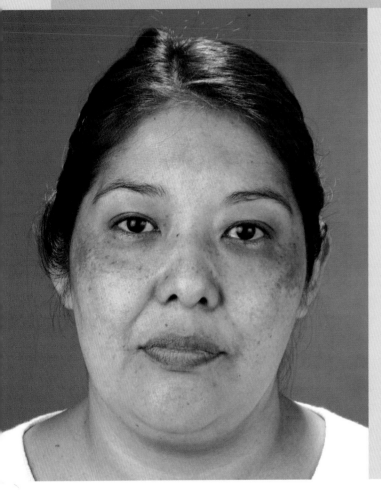

Aplicación de
correctores en
varias etapas,
y base líquida.

Trabajo especial
de sombreado
para disimular
encapotamiento y
agrandar la mirada.

Nuevo corte
de cabello para
destacar rasgos.

Mirta es una mujer morena con mezcla de razas, lo que se evidencia en su piel y en sus rasgos. En sus ojos puede apreciarse su ascendencia japonesa. Sus hermosas facciones étnicas, poco definidas, están rodeadas de manchas marrones llamadas melasmas (trastornos de pigmentación casi exclusivos de las mujeres) que no permiten mostrar toda su belleza.

Trabajaremos sobre las manchas del rostro, para que la belleza de Mirta quede al descubierto.

Trabajamos con "parches" de corrector marrón cremoso y muy pigmentado, aplicándolo sobre las manchas oscuras.

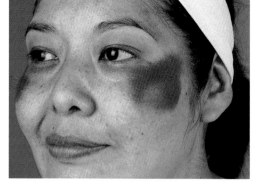

Trabajamos con corrector anaranjado, aplicándolo sobre los parches marrones, para llevar el tono de éstos hacia el beige.

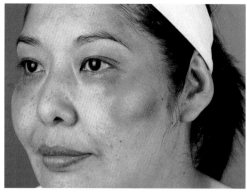

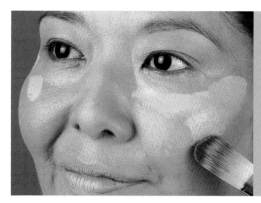

Colocamos base líquida anaranjado pincelando para no arrastrar la corrección. Aplicamos base nuevamente sobre las correcciones, para lograr igual temperatura de color. El emparejamiento del tono de la piel lleva varios pasos. Sería contraproducente unificar la piel o esculpir con luces y sombras volúmenes y depresiones con un solo producto.

Sellamos la piel con polvo volátil del mismo valor tonal de la piel, con una leve tendencia al anaranjado.

Sobre el párpado móvil, trabajamos con una sombra amarilla clara satinada, la que aplicamos también debajo de las cejas para ampliar sus ojos y darle luminosidad a su arco superciliar.

Por sobre el pliegue parpebral aplicamos sombra marrón, con pincel, para otorgar profundidad a la mirada de Mirta.

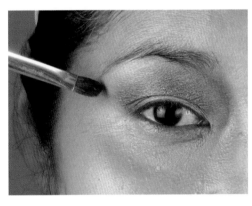

Ascendiendo hacia el párpado superior aplicamos un tono bordó, diseñando un sombreado estilizado en la comisura externa y esfumado hacia el encapotamiento de su ojo a fin de disimularlo.

Finalizamos el trabajo de sombreado aplicando sutiles pinceladas de sombra marrón en los costados de la nariz, para afinarla.

Iluminamos el arco superciliar con sombra satinada color champagne.
Dibujamos las cejas con sombra marrón, aplicando leves pinceladas con un pincel de pelo natural.

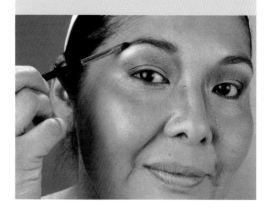

Delineamos el párpado inferior por debajo de la línea de pestañas con sombra marrón.
En el párpado superior, delineamos acuarelando sombra negra con un pincel de punta fina de fibra sintética, que nos permite lograr la precisión necesaria.

Finalizamos el maquillaje de ojos con máscara de pestañas, cargándolas muy bien en la zona de la terminación del ojo para que el efecto rasgado se potencie.

Aplicamos dos puntos de luz en el centro del párpado superior, y esfumamos. En la comisura externa aplicamos sombra marrón chocolate para "estirar" el ojo. El efecto será seductor, atractivo y personal, acentuando los rasgos orientales. Aplicamos sombra cobriza en los párpados inferiores, por debajo de la línea de pestañas, más intensa en el lagrimal.

El rubor elegido ha sido rosa con tendencia al anaranjado. Lo aplicamos debajo de los pómulos, para destacarlos.

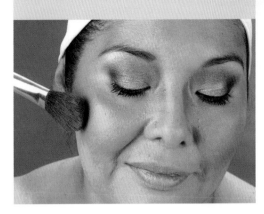

Realizamos el delineado de labios con lápiz color guinda respetando el dibujo de la boca, que tiene una hermosa forma natural.

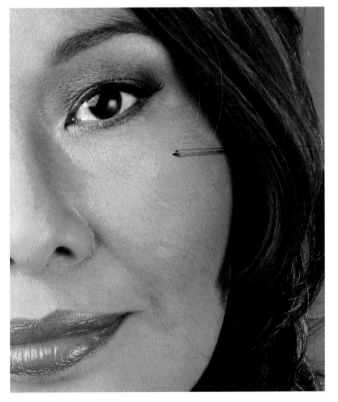

Aplicamos labial rosa salmón con un pincel de fibra. Este tono vibra intensamente en contraste con la piel cálida de Mirta, encendiendo su imagen y haciendo su rostro muy atractivo.

El corte de pelo con mechas hacia sus mejillas colabora en rediseñar y esculpir las formas de su cara, destacando sus bellos pómulos.

VALERIA
equilibrio en el color

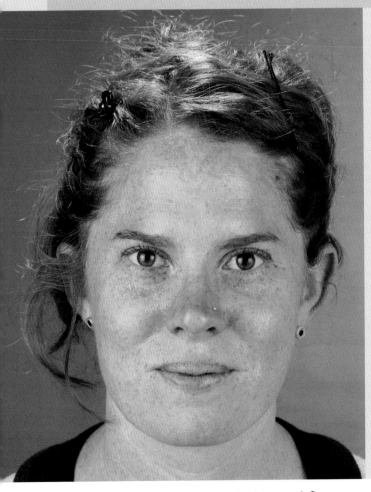

Aplicación de base líquida amarilla en todo el rostro.

Aplicación de corrector sobre las ojeras.

Uso de paleta de tonos verdes para sombreado.

Valeria tiene un hermoso cabello pelirrojo natural. Sus facciones son armónicas, su piel es pecosa y tiende a enrojecerse. Sus ojos color miel se mimetizan con el tono anaranjado que predomina en ella. Trabajaremos para unificar suavemente su tono de piel, bajando el enrojecimiento y optando por una paleta de colores de sombras y labial que quiebre la uniformidad del tono anaranjado de su imagen.

Buscaremos un nuevo equilibrio de color en el rostro de Valeria, que destaque sus mejores rasgos.

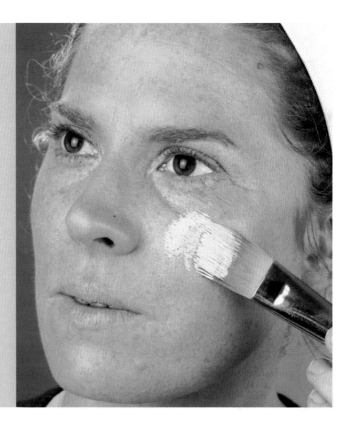

Aplicamos base de maquillaje líquida en todo el rostro, de pigmento puro amarillo, para llevar el tono de su piel a un color beige, por efecto de la neutralización de colores. Reforzamos la aplicación sobre los pómulos, por debajo de las ojeras, para iluminar.

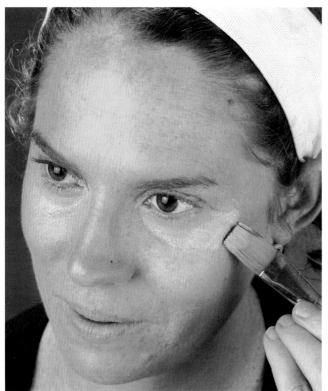

En la zona de las ojeras trabajamos con un corrector líquido de tono amarillo que contrarreste el tono de sus ojeras rojizas-violáceas.

Elegimos una paleta de sombras verdes para los párpados. En el párpado móvil, utilizamos una sombra verde lima aplicada con un pincel de pelo natural.

En la profundidad de sus ojos, trabajamos con una sombra verde fría con pigmentos azules.

Las pecas son de color castaño claro y aparecen en personas de piel sensible al sol, por lo general, de pieles claras, pelirrojas o rubias. Surgen por una acumulación local de melanina en la epidermis y, al estar expuestas al sol, se oscurecen. Las personas que tienen pecas se queman con mucha facilidad cuando toman sol.

En la comisura externa del ojo y en el párpado superior recurrimos a una sombra terracota oscura, que aplicamos con pincel.

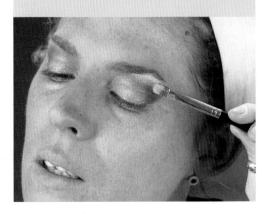

Iluminamos el arco superciliar por debajo de las cejas con sombra satinada color champagne. Aplicamos puntos de luz con sombra satinada amarilla en el centro del párpado móvil, y la esfumamos.

En todo el borde inferior de las pestañas, con un pincelito de fibra sintética, perfilamos con la sombra verde más oscura utilizada en la profundidad.

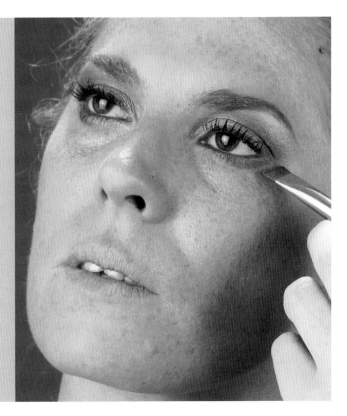

Pintamos las cejas aplicando sombra marrón con un pincel de fibra sintética.
Por dentro de la conjuntiva del ojo delineamos con lápiz azul. Aplicamos máscara de pestañas negra. Por último, por debajo del delineado hecho con sombra verde oscura, aplicamos sombra marrón con un pincel en chanfle, desde el centro del ojo hacia la comisura externa.

Finalizamos el sombreado aplicando una sombra cobre satinada en el lagrimal.
Sin necesidad de empolvar la cara, ya que la base utilizada es libre de aceite, aplicamos rubor salmón con destellos dorados.

Aplicamos brillo de color rosa nacarado con reflejos dorados en los labios, directamente sobre la piel desnuda.

ISABEL
maquillaje rejuvenecedor

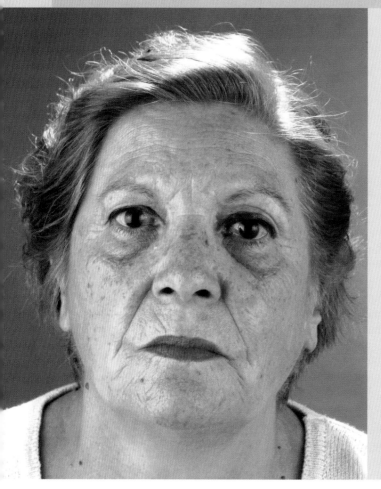

Emparejamiento
de manchas de la
piel con bases
cubritivas.

Reducción de líneas
de expresión
y bolsas de los ojos.

Maquillaje de ojos
y labios con tonos
que otorgan vitalidad.

Isabel es una señora muy linda, con grandes ojos y una piel muy bien conservada. A sus 74 años, puede mostrar su buena genética: los arcos de sus cejas en alto, su cuello sin pliegues y sus párpados y piel con buenísima tonicidad. Trabajaremos sobre sus pecas, muchas de las cuales son producto de reiteradas exposiciones al sol con el curso de los años.

Con Isabel trabajaremos para emparejar el color de su rostro, disimulando las pecas.

Con una base de consistencia cremosa y con buena capacidad de cobertura maquillamos toda su piel, utilizando una pinceleta de fibra.

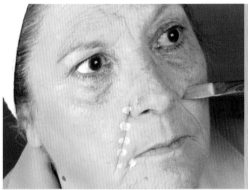

En la zona de las líneas nasogenianas y en la comisura de los labios trabajamos con un corrector fluido dos tonos más claro que la base utilizada recién, teniendo especial cuidado de estirarlo lo más posible, a fin de evitar que se acumule en los pliegues.

Aplicamos corrector líquido blanco debajo de las bolsas de los ojos, para que las mejillas tomen relieve. La bolsa no debe iluminarse: la claridad aparecerá hacia las mejillas, para darles un efecto "relleno", que disminuya el volumen de las bolsas.

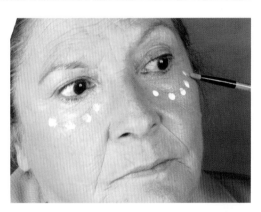

Con pincel de pelo natural, aplicamos sombra rosada de efecto satinado sobre todo el párpado móvil.

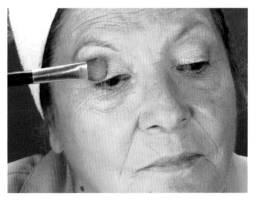

Con sombra marrón-violácea marcamos la profundidad del ojo, justo por el pliegue parpebral, intentando retraer sutilmente el leve encapotamiento de los ojos de Isabel.

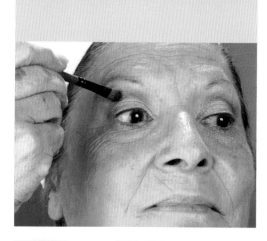

En la comisura externa oscurecemos con sombra marrón, sin extenderla demasiado hacia fuera, sino dejando bien marcada la terminación del ojo.

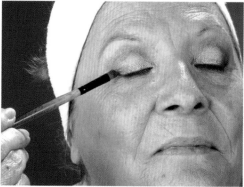

Con delineador líquido negro enmarcamos sus ojos desde el lagrimal, prolongando discretamente la línea por afuera del párpado.

Utilizando un pequeño pincel de forma chanfleada, maquillamos las cejas de Isabel con sombra de tono marrón claro haciendo pequeños trazos, a fin de disimular las zonas despobladas.

Cuando en las cejas hay presencia de canas, lo ideal es maquillarlas con máscara de pestañas a prueba de agua, de tono marrón.

Delineamos por dentro del ojo, con lápiz delineador de color marrón oscuro, desde el lagrimal hasta la comisura externa de los ojos.

Maquillamos las pestañas con máscara de pestañas negra, buscando arquearlas y espesarlas muy bien para que el sombreado se destaque.

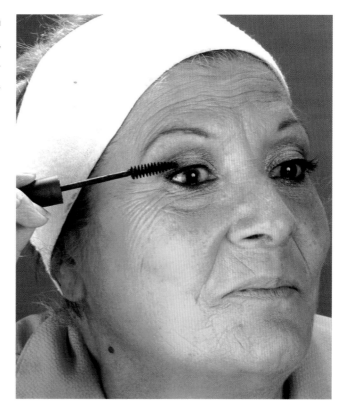

Maquillamos las mejillas con un rubor rosado que engame bien con la temperatura de las sombras elegidas.

La elección del lápiz delineador de labios ha sido de tono fucsia intenso, y lo aplicamos por fuera de la forma natural de la boca de Isabel.

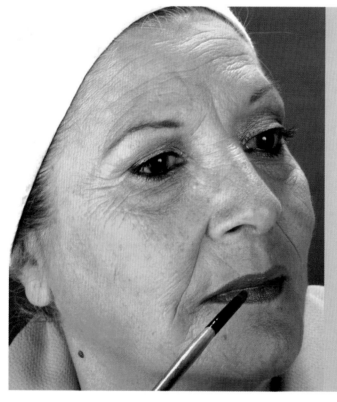

Con el pincel limpio, en primer orden, esfumamos bien hacia adentro el delineado que acabamos de hacer. Luego, con lápiz labial rosa claro maquillamos los labios utilizando para ello un pincel de fibra, tratando de que el borde delineado sea apenas perceptible.

JULIETA
adiós a las marcas

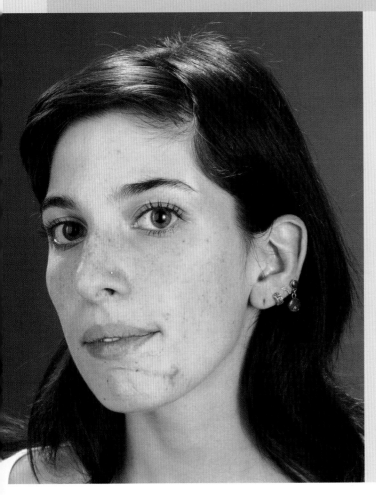

Aplicación de base líquida en todo el rostro.

Aplicación de corrector amarillo en zona orbicular.

Corrección de cicatriz con base cremosa muy pigmentada.

Maquillaje tenue en ojos y labios.

Julieta es joven y delicada. Sus enormes ojos verdes están enmarcados con largas pestañas. Su piel suave presenta sutiles pecas, que le sientan muy bien. En su mentón tiene una cicatriz que será el principal objetivo del maquillaje correctivo a realizar.

El objetivo en Julieta será cubrir la cicatriz y lograr un maquillaje que preserve su look fresco.

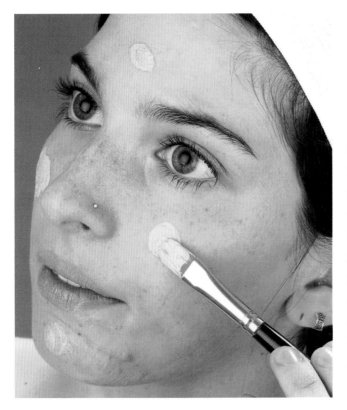

Luego de realizar la debida preparación de la piel con los tres pasos necesarios de limpieza, —en este caso, con productos livianos y específicos para las pieles más jóvenes— aplicamos base fluida liviana de tono amarillo con una pinceleta de fibra sintética, la cual ayuda a contrarrestar el enrojecimiento de sus mejillas.

Extendemos corrector amarillo en la zona orbicular para que se neutralicen sus tenues ojeras violáceas. De ser necesario, reforzamos la aplicación.

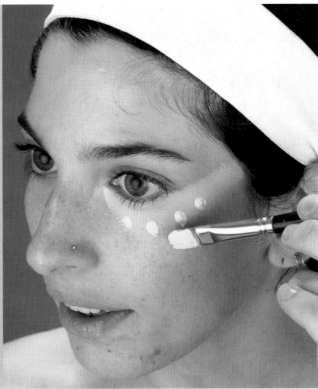

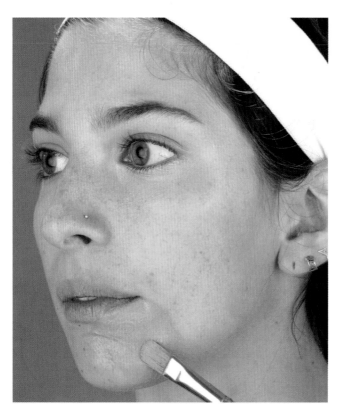

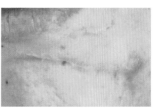

A continuación, nos abocamos a la corrección de su cicatriz: aplicamos con pincel base de maquillaje en crema con muy buena concentración de pigmento. El maquillaje no rellena superficie pero al emparejar el tono de la zona cicatrizada, la cual presenta muchos valores tonales diferentes, la imagen aparece uniforme.

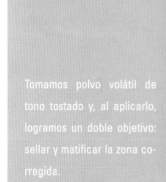

Tomamos polvo volátil de tono tostado y, al aplicarlo, logramos un doble objetivo: sellar y matificar la zona corregida.

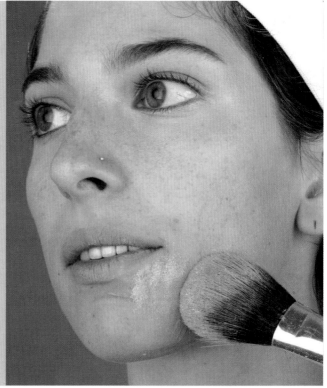

Una vez finalizado el maquillaje de la piel pincelamos el párpado móvil con sombra irisada bien clara.

La cicatrización es la forma natural del cuerpo de reemplazar la piel dañada. Consiste en la regeneración de la piel mediante una nueva producción de tejido. El aspecto final de una cicatriz depende de la zona del cuerpo en que se ubica, el tipo de lesión, edad y tipo de piel. Las cicatrices no desaparecen pero se pueden atenuar o camuflar.

Con otro pincel de pelo natural, aplicamos sombra mate marrón claro en la profundidad del ojo, y esfumamos hacia la zona exterior en pinceladas abiertas y ascendentes para que el sombreado luzca sin definiciones y no se vea un dibujo marcado.

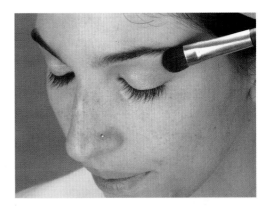

Con sombra mate de tono vainilla, iluminamos suavemente debajo de las cejas para que éstas se perfilen y pueda apreciarse su forma perfecta.

Aplicamos máscara de pestañas con breves pinceladas (sin
cargarlas mucho) y al solo efecto de abrirlas y peinarlas.

Elegimos un rubor de tono rosado, el que aplicamos justo encima del hueso del pómulo.

El labial elegido es de textura
líquida, de un tono tranquilo
y familiar al color natural del
labio. Lo aplicamos directamente sobre la boca, sin necesidad de delinear.
Por último, cortamos el fle-
quillo, que ayuda mucho a
que se destaquen aún más
sus hermosos ojos, contribuyendo a disimular la zona
corregida, desviándose la
atención de ese lugar.

SILVIA
el color que energiza

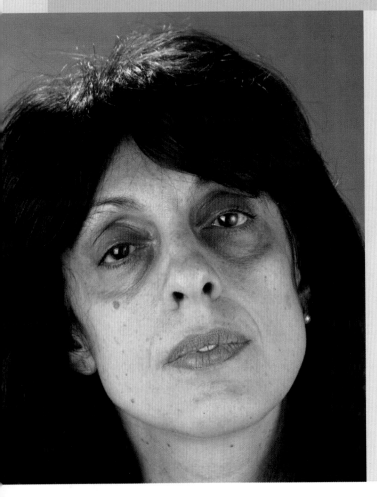

Nuevo diseño
de las cejas.

Aplicación de
corrector anaranjado
en zona orbicular.

Aplicación de base
muy pigmentada y de
gran poder cubritivo.

Maquillaje de labios
con tonos intensos.

Silvia es una mujer muy atractiva, dueña de una sonrisa enorme y expresiva.

El trabajo de maquillaje consistirá en neutralizar sus zonas oscuras mediante la aplicación de correctores, en otorgarle nueva luz a su rostro y en encontrar los colores que ayuden a que Silvia tenga una imagen vital.

Nuestro objetivo será construir una nueva imagen de Silvia, plena de vitalidad y energía.

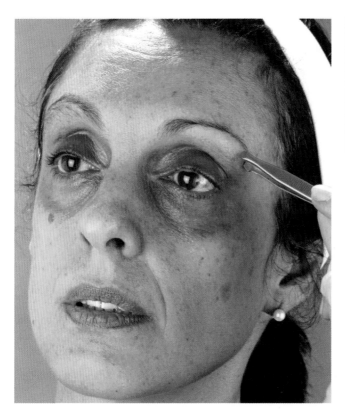

Producto de reiteradas depilaciones, Silvia tiene despobladas las cejas, lo cual implica la realización de un diseño con maquillaje. Con la pinza de depilar, extraemos todos los pelitos que están por fuera de la línea natural de las cejas.

Trabajamos con tonalizador correctivo líquido anaranjado ya que ese color es el que mejor neutraliza las ojeras oscuras en pieles amarronadas, como en el caso de Silvia. Para ello, usamos una pinceleta de fibra sintética con suaves movimientos, deslizándola en toda la zona orbicular sin tironear la piel y cuidando muy bien de elegir la textura apropiada de corrector porque la piel en esta zona es extremadamente fina y sensible.

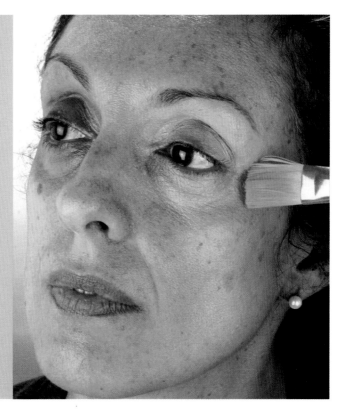

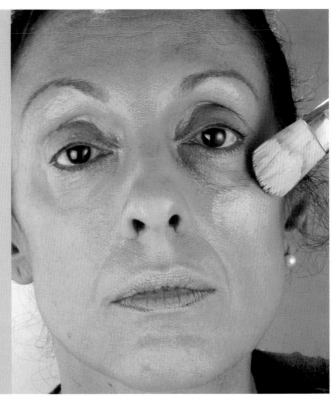

La base elegida es de textura líquida bien pigmentada: liviana pero cubritiva. Si a eso le sumamos el color levemente anaranjado de la base, que ayuda a dar calidez a la piel oliva de Silvia, logramos emparejar y darle vitalidad a la misma. Luego de extender la base en todo el rostro, aplicamos corrector cremoso en los pómulos, para iluminar.

Con una pinceleta de pelo natural de forma de lengua de gato, cubrimos el párpado móvil con una sombra levemente satinada y de un tono apenas más claro que la piel.

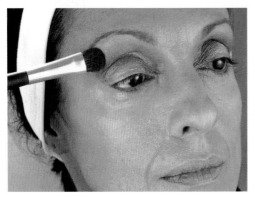

Con otra sombra de color marrón claro trabajamos en la zona del hueso del ojo, buscando reducir ópticamente sus dimensiones y mejorando sus volúmenes. El pincel utilizado es una pinceleta de pelo natural muy suave y amplia.

Con un pequeño pincel de pelo natural de corte chanfleado dibujamos sus cejas con sombra marrón del mismo color que el pelo, trazándolas bien curvas.

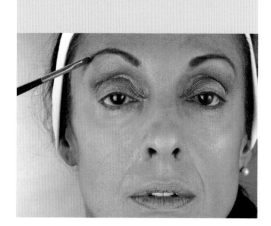

Rebordeamos sus ojos almendrados con sombra marrón oscura para enmarcarlos y para que se vean más grandes contribuyendo, a su vez, a disimular los volúmenes de las bolsitas que están debajo de sus ojos. De esta manera, la atención se centrará en el marco dibujado del ojo. Delineamos el párpado inferior por dentro, con marrón oscuro.

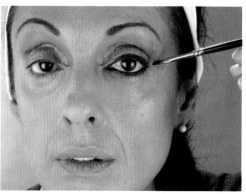

Iluminamos el arco superciliar con sombra satinada de tono champagne. Finalizamos el sombreado aplicando sombra marrón cobriza en el centro del párpado móvil. Terminamos el maquillaje de ojos aplicando una buena cantidad de máscara de pestañas negra y arqueando muy bien las pestañas con el cepillo del mismo producto.

El rubor rosado de tono "chicle" es ideal para dar energía a una piel cetrina. Lo aplicamos con brocha, en el centro de la mejilla para que luzca redondeada, buscando el efecto de una tonalización natural.

Cuando el rostro es muy "huesudo" no conviene utilizar rubor oscuro ni tampoco ubicarlo debajo del hueso para no adelgazar aún más la cara.

Con un lápiz de un vibrante color rojo-anaranjado, delineamos la boca, redondeando bien sus formas, para continuar diseñando con líneas blandas y curvas todo el maquillaje.

El labial utilizado es de color rojo-coral fuerte y vibrante, el cual, sumado a todo el conjunto, integra y energiza la imagen general, logrando que el maquillaje se vea equilibrado y sensual.

EDIANE
el maquillaje es luz

Rediseño de la forma de las cejas.

Aplicación de parches de corrector marrón.

Aplicación de corrector anaranjado para unificar tono y obtener luminosidad.

Ediane es una joven morena de nacionalidad brasileña, con muy lindas facciones.

Su piel oscura presenta pequeñas manchas marrones y sus cejas necesitan una depilación para mejorar la forma.

El trabajo consistirá en emparejar el tono de su piel, disimulando las manchas.

El objetivo en Ediane, además de emparejar el tono, será trabajar para lograr luminosidad.

Como siempre, antes de empezar un maquillaje debemos preparar la piel con una buena limpieza. Luego, con una pinza de depilar mejoramos la forma de sus cejas, las cuales son finas pero irregulares, producto de reiteradas depilaciones.

Sobre las manchas más intensas y oscuras trabajamos con "parches" de corrector en crema de tono marrón oscuro.

Extendemos el corrector marrón para esfumarlo y con pincel de fibra sintética llevamos el color del "parche" hacia el tono de la piel, trabajando con corrector anaranjado cremoso. Lo ideal es trabajar los correctores con pinceletas de fibra sintética suave ya que permiten un deslizamiento perfecto sin producir rayas.

Aplicamos el corrector anaranjado en el centro del mentón, en los párpados inferiores y en el filo de la nariz hasta el entrecejo, para iluminar.

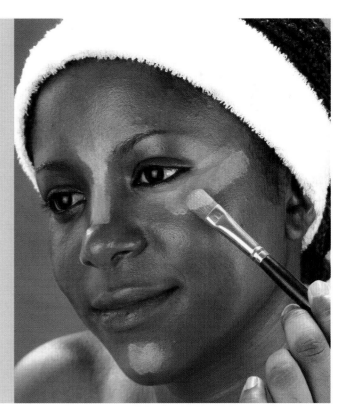

Observemos ambos lados del rostro. En una piel tan oscura, el corrector anaranjado funciona como neutralizador del tono de las ojeras y como iluminador ya que se mimetiza y las zonas donde se aplique quedarán iluminadas. Los correctores de tono beige que en general funcionan en personas blancas, en las pieles morenas se agrisan ya que, al traslucirse el tono de la piel a través de la capa del corrector, modifica su color. Por eso, para las pieles negras el corrector ideal es el anaranjado.

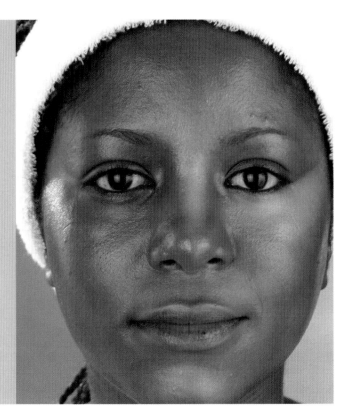

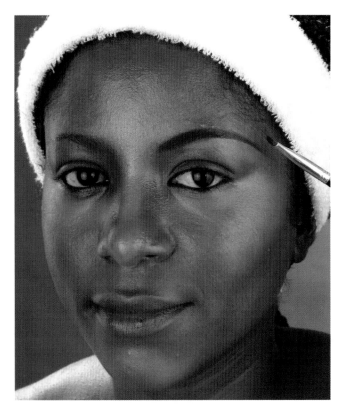

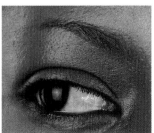

El "dibujo" de la ceja es muy importante en cualquier rostro ya que las mismas son las que otorgan carácter a la cara y enmarcan los ojos. En este caso, dibujamos sobre la ceja de Ediane con un pincel de pelo natural pequeño, recurriendo a una mezcla de sombra negra y marrón opacas.

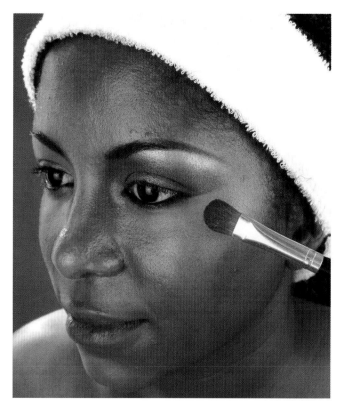

En los ojos trabajamos con tres sombras: una cobre para el párpado móvil, otra terracota para el párpado superior y una amarilla satinada para el arco superciliar. Bordeamos los párpados inferiores, por debajo de la línea de pestañas, con sombra negra, hasta la comisura externa. Aplicamos sombra cobre en el mismo lugar, bien cerca del nacimiento de las pestañas.

La piel de Ediane es de biotipo graso y es necesario sellar el maquillaje con polvo volátil de color amarillo claro, con una brocha de pelo natural. Así la base se fija y se absorbe la gratitud excesiva. La elección del color del polvo volátil se hace considerando que, además de fijar la base, provea mayor luminosidad a las zonas que deseamos destacar.

Terminamos el proceso de maquillaje de los ojos con la aplicación de máscara para pestañas de color negro tanto en las pestañas superiores como en las inferiores.

El rubor elegido es de un vibrante tono fucsia que proveerá toda la energía necesaria para que el rostro de Ediane luzca saludable y sensual. Lo aplicamos en los laterales de sus redondeadas mejillas, con trazos rectos para ayudar a agudizarlas. Para una mejor aplicación del rubor en polvo, utilizamos una brocha de pelo natural.

Delineamos los labios con un lápiz del mismo tono que su piel, independientemente del tono del labial elegido ya que el color natural de los labios de Ediane es muy oscuro y necesitan un enmarcado y rediseño, antes de la aplicación del labial de color.